LE DROIT AU TRAVAIL

ET LA

RÉVOLUTION,

PAR

EUGÈNE RENDU.

Prix : 10 centimes.

PARIS,
AU COMPTOIR DES IMPRIMEURS-UNIS,
QUAI MALAQUAIS, 15.

1848

LE
DROIT AU TRAVAIL
ET LA
RÉVOLUTION,

PAR

EUGÈNE RENDU.

Prix : 15 centimes.

PARIS,
AU COMPTOIR DES IMPRIMEURS-UNIS,
QUAI MALAQUAIS, 15.

1848

LE DROIT AU TRAVAIL

ET

LA RÉVOLUTION.

Paris. — Imprimerie SCHNEIDER, rue d'Erfurth, 1.

LE

DROIT AU TRAVAIL

ET LA

RÉVOLUTION

PAR

EUGÈNE RENDU

I

Prix : 10 centimes.

PARIS
AU COMPTOIR DES IMPRIMEURS-UNIS,
QUAI MALAQUAIS, 15.

1848

LE DROIT AU TRAVAIL ET LA RÉVOLUTION.

I.

La Révolution de Février est la consécration de ces mots : *droit au travail.* (Je donnerai la formule de ce droit et le préciserai.)

Elle est cela, ou elle n'est rien.

L'œuvre de toute révolution est en raison directe de sa force impulsive ; moyen terme : avortement. Radicale dans son action destructive, la révolution de février sera fatalement radicale dans sa puissance créatrice : réforme sociale ou comédie politique ; régénération des masses ou escamotage au profit de quelques bateleurs.

Le droit au travail a deux sortes d'adversaires : ceux qui acceptent la révolution sans la comprendre ; ceux qui la comprennent, mais la combattent.

Aux seconds, je dirai : la révolution passera en vous broyant.

Aux premiers, je pose ces questions :

Est-ce que la révolution de février n'est qu'un changement de scène ?

Est-ce qu'il eût valu la peine, pour remplacer un nom par un nom, un titre par un titre, une forme par une forme, de ruiner le commerce, de tuer le crédit, d'ébranler la France, de bouleverser l'Europe ?

Si vous ne vouliez que cela, si, le 24 février, votre pensée d'avenir se heurtait à une question de ministère, vous tous qui, l'arme au bras, avez laissé bondir la révolution, et la révolution faite, avez crié bonnement : Vive la République ! si vous ne vouliez que cela, le 24 février, vous avez été ou des sots ou des lâches ;

Quittez la scène, vous êtes jugés !

Est-ce que sous ce trône brisé vous ne sentez point palpiter le monde nouveau qui va naître ?

Le 24 février au soir, au moment où vous rajustiez pour M. Thiers le compliment préparé pour M. Guizot, tout à coup vous vous êtes rencontrés face à face avec le spectre de la misère : l'entrevue était dure, n'est-ce pas? et mal commode. — Qu'en avez-vous conclu ?

Est-ce que depuis lors vous n'êtes pas haletants sous les étreintes de la question sociale ?

Est-ce qu'à côté de cette question, il est une autre question digne seulement d'être nommée ?

Non, elle est là, il faut l'accepter ou la subir, et l'accepter pour la résoudre. Elle vient de faire explosion, et devant vous se pose en souveraine.

Que faites-vous cependant ? çà et là quelque décret d'urgence. On crie à gauche : vous y êtes ; on crie à droite : vous y courez. Une pierre tombe : qu'on la relève ; un trou se forme : bouchons-le ; mais qui songe aux fondements de l'édifice? Vous allez, vous revenez ; la situation vous pousse ; vous ne la menez point, elle vous mène : où un principe ? où une idée ? où surtout un plan d'avenir ?

Vous perdez trois jours au profit des sociétés secrètes qu'en prohibant, vous créez. Vous invoquez le cautionnement ; vous lui criez : au secours!

c'est s'acharner sur des effets, sans penser à la cause : Louis-Philippe, lui aussi, passait son temps à tuer les effets.

Qu'aura la France ? un président ? des directeurs ? une chambre ? deux chambres ? Voici venir vos grands combats ; les belles phrases qui vont pleuvoir ! théories renouvelées d'Aristote, le contre-poids, l'équilibre, le mécanisme, antithèses et même comparaisons (1), toutes les figures : ce sera plaisir !

Vous allez fabriquer une constitution ; et après ?

Qu'est-ce qu'une constitution ? Une forme politique.

Qu'est-ce que la forme sans le fond ?

Rien.

Or, je vous le dis, si vous bâtissez une constitution, sans avoir creusé le terrain social pour y jeter les fondements, sans avoir résolu la question du travail, du droit au travail ; si vous faites cela, vous avez une forme et vous n'avez pas de fond ; vous élevez le toit, avant de poser

(1) Voyez la *voiture à ressorts* dans le discours de M. Thiers au comité

les bases : procédé qui, en politique, pour n'être pas nouveau, n'en est pas meilleur. Vous en serez pour vos phrases, vos théories, votre équilibre, votre mécanisme, vos antithèses et vos comparaisons ; tout se brisera, et, croyez-le, vous payerez les frais.

La constitution ! eh ! sans doute, c'est chose grave ; qui le nie ? c'est chose grave, et pourtant secondaire ; c'est effet, et non pas cause ; c'est conséquence et non principe.

Est-ce que les masses se préoccupent de vos formes ?

Est-ce que, sur les barricades de juin, on criait : Vive le président ou vivent les consuls ! Vive une chambre ou vivent deux chambres ! Vive ceci ou vive cela ?

Et je dis, moi, que si Louis-Philippe l'avait voulu, le peuple, à l'heure qu'il est, le peuple crierait : Vive le roi ! Oui, elle pouvait, la Royauté, tutrice des prolétaires, recommencer la carrière glorieuse que, pour l'émancipation du tiers, elle a fournie quatre cents ans durant. C'était là sa mission, c'eût été sa gloire. Le peuple était à elle, si elle était au peuple. — La forme, pour le peuple, est donc le moindre des soucis ; la forme, pour lui, c'est le moyen, non le but.

Si maintenant, en habit noir et en chapeau rond il vous semble beau, Messieurs du lendemain ou de la veille, de cette date-ci ou de cette date-là, d'exécuter par-devant les masses le même rôle que la Royauté, moins piètrement, du moins, habit brodé et tricorne en tête, débitait depuis dix-huit ans ; si, chassant la Royauté de la scène, vous n'avez que ces mots pour programme : A notre tour ! je vous prie, où est l'avantage?

Et si l'idée que flétrissait la monarchie, vous aussi vous la flétrissez ; si le droit que maudissait la monarchie, vous aussi vous le maudissez; quelle sera donc cette constitution que tout à l'heure vous allez bâtir de vos mains?

Une forteresse où vous vous retrancherez à l'abri de l'avenir ; une forteresse du haut de laquelle, contre cette idée et contre ce droit, vous pointerez pour machines de guerre vos décrets et vos lois, du haut de laquelle vous direz aux masses : « De par le canon, souffrez, et taisez-vous ! »

Tranquilles alors, vous ajouterez sans doute : « L'ordre est rétabli, nous régnons : la révolution est consommée. Vive la République ! »

Contre la menace d'une telle constitution, il n'est qu'une garantie, une seule, mais qui suffit :

La consécration du droit au travail.

Ce droit posé, le prolétaire vous laisse bâtir la constitution : lui-même en a jeté les fondements. Et, la constitution bâtie, il la défend, parce qu'il en est défendu.

Ce droit posé, la révolution de février prend un sens : la réforme sociale est commencée.

Ce droit posé, le christianisme passe dans nos institutions : la charité, de vertu privée, se fait vertu sociale.

Ce droit posé, la civilisation, qui n'est que la transformation successive de la société par la morale chrétienne, la civilisation fait un pas : la Fraternité devient un fait.

Liberté, Egalité, Fraternité ! mots divins jetés par le christianisme dans le sein du vieux monde pour y faire germer le monde nouveau; principes qui, dans leur lutte avec les faits qu'ils domptent, enfantent les révolutions ! La France, des mains du christianisme, la France les a pris pour devise. De cette devise, la révolution de 89 a réalisé les deux premiers termes ; la révolution de 1848, dans son but, est l'application du troisième; et puisque ce dernier terme est l'expression des rapports les plus intimes que Dieu ait établis entre les hommes, la révolution de 1848 sera fatalement la plus profonde qu'ait jamais suscitée, dans son invincible puissance, le développement social du christianisme.

Si la société légale seconde cette transformation, elle se sauve ; si elle la combat, elle se tue.

Fi ! que tout cela sent son Communiste !

Bonnes âmes, ne vous signez point : pas d'exorcismes, mais des raisons.

Jadis, on vous réfutait tout net par un nom : Jésuite ! — La mode a changé : — on dit maintenant : Communiste ! — Et quand on a dit cela, on a tout dit.

Le Communisme est une manière de croquemitaine. L'Assemblée nationale, — que Dieu garde ! — l'Assemblée le montre au public, et le public le montre à l'Assemblée. Ce que faisant, chacun se pâme, et répète en frissonnant : Il faut *ranimer la confiance.*

Vous jouez, messieurs, et la misère dévore ;

Vous jouez, et le flot monte ;

Vous jouez, et bientôt, vous aurez beau jeter à la mer, provisions, argent et bagage, il sera trop tard !

Il serait prudent de prendre au sérieux une situation sérieuse.

Il serait prudent de faire spontanément un pas vers l'avenir, de peur que l'avenir ne vienne à vous, et ne vous saisisse.

Pas plus que vous, je ne veux le Communisme ; mais est-il sage de se faire arme d'un nom pour combattre une idée ?

Pour guérir un malade, lequel vaut mieux ? le bâillonner ? ou l'écouter et le comprendre ? — lequel vaut mieux ?

La Société veut un remède, un remède profond comme son mal.

Le Communisme n'est qu'un de ses cris de douleur ; et sous les cris divers qui en sont l'expression confuse, croyez-le, se cache l'idée.

Cette idée, c'est le droit au travail.

Or, on ne tue une idée qu'en la satisfaisant.

II.

Je veux définir le droit au travail en en marquant l'origine, et le limiter en le précisant. — Non défini, un droit est une menace; formulé, c'est une garantie.

Avant d'être *droit*, le travail est *devoir*. Ce devoir est pour chacun la condition de la vie. — Il naît dans l'individu, s'accomplit par l'individu; et l'accomplissement de ce devoir, s'il enfante le bien général, n'est pourtant que le simple accomplissement de la destinée individuelle.

Vis-à-vis du travail *devoir*, quel est le rôle de la société? — Rôle passif. — Pas plus que l'exercice de la liberté de la presse, de conscience, d'enseignement, etc., l'exercice du travail ne crée pour l'Etat *l'obligation de faire*. Aux devoirs, aux libertés, à eux seulement s'applique une maxime excellente, bien entendue, comprise à faux, détestable, la maxime : *Laissez faire*.

Le devoir de chacun se mesure à ses facultés : si donc, un homme *le pouvant*, refuse de travailler ; si même, pour arriver au travail, il n'a point dépensé une somme d'efforts égale à la somme de ses facultés, comme il n'accomplit pas son devoir, la société n'a pas de devoir envers lui ; et si cet homme dit à la société : Tu dois me faire vivre ! il ment ; car il n'a pas satisfait à la condition de la vie.

Mais qu'un homme, pour conquérir le travail, ait tendu, dans la mesure possible, le ressort de ses facultés ; si, en dépit de l'énergie de son vouloir, le travail lui échappe, la limite du devoir est atteinte, et du devoir accompli naît un droit. — Ce droit s'applique sous une double forme : à l'invalide, par l'*assistance;* à l'homme valide, par le *travail;* et cette double forme peut s'énoncer par ce mot qui la résume : *droit à la vie*. Droit à la vie ; rien de plus, rien de moins. Et comme tout droit suppose un devoir corrélatif, ce droit enfante pour la société un devoir, le devoir de *faire vivre;* lequel, lui-même, se présente sous deux formes distinctes, formes correspondant aux deux formes du droit : devoir de faire vivre par l'assistance, — de faire vivre par le travail.

Ainsi, le *droit au travail* n'affaiblit en rien le *devoir du travail*; le devoir préexiste au droit; le droit s'appuie sur le devoir; le premier enfante le second, et, en l'enfantant, il prouve qu'il n'est pas un droit principe, mais l'application d'un droit plus général, le *droit de vivre*; le second se justifie par le premier; mais en se justifiant, il se limite.

Tel est le droit au travail; tel est-il dans son origine logique, tel est-il dans sa mesure; par conséquent, dans sa force (1).

Ainsi défini, le nier, c'est dire à l'homme qui l'invoque : « Pour toi, point de place à la vie; » c'est dire à Dieu : « Cet homme que tu as créé, est de trop. »

Celui qui osera dire cela, qu'il le dise!

(1) La constitution de 1793 avait compris cette origine logique du droit au travail. Elle avait exprimé dans une formule, du reste assez vague, l'idée que ce droit n'est lui-même que le corollaire du droit de vivre. L'article 21 porte : « La société doit la subsistance aux citoyens malheureux, *soit en leur procurant du travail*, soit en assurant les moyens d'exister à ceux qui sont *hors d'état de travailler*. » Dans le projet de 1848, les différents droits sont entassés pêle-mêle sans aucun lien de filiation qui les explique ni les justifie.

Paris. — Imprimerie SCHNEIDER, rue d'Erfurth, 1.

www.ingramcontent.com/pod-product-compliance
Ingram Content Group UK Ltd.
Pitfield, Milton Keynes, MK11 3LW, UK
UKHW032039260826
14628UKWH00007B/3070

9 782016 158562